RÉFORME DE L'IMPÔT

OU

DU SEUL PRINCIPE DE L'IMPÔT

QUI SOIT ÉQUITABLE

ET D'APPLICATION LA PLUS FACILE
SANS GÊNER NI L'AGRICULTURE, NI LES INDUSTRIES
NI LE COMMERCE

PAR A. CRESTADORO

Professeur de Philosophie,
Chevalier de la Couronne d'Italie
Bibliothécaire de la Ville de Manchester

Prix : 1 fr. 50

PARIS

E. DENTU, LIBRAIRE-ÉDITEUR

PALAIS-ROYAL, 15-17-19, GALERIE D'ORLÉANS

—

1878

RÉFORME DE L'IMPÔT

OU

DU SEUL PRINCIPE DE L'IMPÔT

QUI SOIT ÉQUITABLE

ET D'APPLICATION LA PLUS FACILE

RÉFORME DE L'IMPÔT

OU

DU SEUL PRINCIPE DE L'IMPÔT

QUI SOIT ÉQUITABLE

ET D'APPLICATION LA PLUS FACILE
SANS GÊNER NI L'AGRICULTURE, NI LES INDUSTRIES
NI LE COMMERCE

PAR A. CRESTADORO

Professeur de Philosophie,
Chevalier de la Couronne d'Italie
Bibliothécaire de la Ville de Manchester

Prix : 1 fr. 50

PARIS

E. DENTU, LIBRAIRE-ÉDITEUR

PALAIS-ROYAL, 15-17-19, GALERIE D'ORLÉANS

—

1878

RÉFORME DE L'IMPÔT

OU

DU SEUL PRINCIPE DE L'IMPÔT

QUI SOIT ÉQUITABLE

ET D'APPLICATION LA PLUS FACILE
SANS GÊNER NI L'AGRICULTURE, NI LES INDUSTRIES
NI LE COMMERCE

Je me propose de soumettre à l'opinion publique ce que je crois être le moyen le plus équitable de subvenir aux dépenses de l'État.

Il n'y a peut-être pas de conviction plus générale parmi les esprits éclairés que celle que le système actuel de contributions n'est continué que jusqu'à ce qu'on en trouve un autre qui soit moins préjudiciable aux intérêts agricoles, industriels, commerciaux et sociaux, pouvant mettre le gouvernement en état d'accomplir en son entier la politique sage et prévoyante de justice distributive et de liberté pour tous les intérêts.

Avant de dévoiler mon projet, je dois remarquer que le but que je me propose est de se dispenser de toutes contributions indirectes, et de prélever le revenu public au moyen d'une seule contribution directe, qui, cependant, ne serait ni une taxe foncière, ni un impôt sur les capitaux ni sur les revenus ou profits.

J'expliquerai d'abord la théorie, puis son application.

THÉORIE.

Ma théorie est simplement que l'impôt ne doit pas être assis sur la propriété, mais sur l'usage ou utilisation de la propriété. Or toute utilisation de la propriété est reduisible à un principe général unique : le principe des échanges. Les personnes qui ont besoin d'obtenir quelque chose doivent elles-mêmes produire quelque chose en retour. Ce principe est le premier anneau d'une chaîne de principes non moins compréhensibles et importants qui aboutit à la solution de notre problème. Ce sont :

1° Le principe des échanges est la base du droit de la propriété particulière, et du droit qu'a chaque individu de se servir de ce qui est légalement à lui.

2° Le mot propriété a une signification plus étendue que celle qu'on y attache ordinairement. Tout ce qui peut s'échanger contre une valeur quelconque est propriété d'un genre ou d'autre. Elle peut être propriété de genre matériel, genre immatériel, genre intellectuel ou genre moral.

3° Toutes les fois qu'une chose s'échange contre une autre, il y a transaction entre deux parties. Chacune cède quelque chose en échange de quelque chose reçue.

4° La propriété n'a aucune valeur qu'autant qu'on en fait usage.

5° Tout usage de propriété est un échange de valeurs, et toute valeur peut se mesurer en monnaie. Dans les commencements de la société humaine, lorsque le trafic n'était qu'un échange brut de produits, il n'y avait nul besoin d'une mesure commune de valeurs : mais depuis l'introduction de la monnaie, toutes les valeurs peuvent être et sont en effet rapportées à une mesure en monnaie.

Ainsi le principe des échanges est le grand criterium de la possession et de l'usage de la propriété non moins que de la valeur de cet usage mesurée en monnaie à l'époque et sur le lieu de l'échange.

L'application de ce criterium comme base de la contribution publique paraît bien simple.

On doit poser en doctrine dans la science de l'Économie politique que l'impôt ne doit que porter sur l'usage de la propriété et non sur la propriété elle-même. La manière d'opérer peut se diviser en son principe et en son mécanisme.

L'APPLICATION EN PRINCIPE.

Le principe serait qu'un droit de tant pour cent sera prélevé sur toute valeur échangée, le payement de ce droit restant assis sur celle des deux parties entr'échangeantes qui touche la valeur mesurée en monnaie. Si l'échange est en troc, chaque partie aurait à rendre compte d'une moitié du droit sur une évaluation de valeur. Cette évaluation n'a pas besoin d'être faite par des employés du Fisc, mais par un membre respectable quelconque de la profession des commissaires-priseurs publics ; preuve d'une telle évaluation étant conservée par les parties intéressées, pour s'y rapporter au besoin, dans un terme défini, par exemple une année accomplie de la date de la transaction. Une personne qui occupe sa propre terre ou sa propre maison est un exemple de troc. Il en reçoit une valeur annuelle qui peut s'évaluer par le loyer payé pour une terre ou maison semblable. Il représente deux personnes ou capacités distinctes en une seule. Il est tout à la fois son propriétaire et son propre locataire, et en sa première qualité de propriétaire il serait redevable d'un droit sur une évaluation de valeur.

Mais, en général, de deux valeurs réciproquement échangées, une est toujours en monnaie, et s'appelle le prix, à cause qu'il est la mesure de ce pour quoi il a été échangé en retour. Personne ne se défait volontairement d'une chose, à moins qu'il n'en reçoive directement ce qu'il pense être un équivalent.

Comme affaire de forme, la monnaie étant l'étalon de la mesure de la valeur, la partie qui la reçoit en échange d'une valeur d'une autre sorte quelconque doit seule être responsable du droit dû à l'État. Mais en effet, l'impôt tombe naturellement sur la transaction entière. Il devient partie du prix, tout comme on prend compte des frais d'administration, d'entretien, et d'autres dépenses dans l'ajustement des prix et des charges dans toutes les transactions.

En conclusion nous pouvons ainsi résumer le principe de l'application : Tout échange de valeurs implique et personnes et choses, et est redevable envers l'État (en raison de la sécurité que les personnes et les choses dérivent de l'État) d'un droit sur la valeur échangée, dont doit rendre compte la partie qui reçoit la valeur mesurée en monnaie.

L'APPLICATION DANS SON MÉCANISME.

Tout individu habitant le pays, soit indigène ou étranger, serait tenu de prendre tous les ans deux permis. Théoriquement, l'un représenterait le permis d'avoir, et l'autre, le permis de faire usage de ce qu'on a : celui-là comme moyen, celui-ci comme base de l'impôt. En pratique, le premier prendrait simplement la forme d'un enregistrement d'Adresses. De même que la loi exige de faire enregistrer les naissances, mariages et décès, d'après le même principe, tout habitant des deux sexes serait tenu de faire, au commencement de chaque année, enregistrer son nom et son domicile actuel ou élu, ainsi que son état, son occupation, son titre, sa qualité ou autre distinction qui fût nécessaire à l'identification de l'individu. Un certificat ou reçu de cet enregistrement s'obtiendrait sous forme d'une copie officielle dudit enregistrement, pour laquelle un droit minimum fixe à titre de frais serait perçu, par exemple, cinquante ou cent centimes, chaque individu ou chaque famille d'individus.

L'autre permis prendrait une forme non moins simple: celle d'un reçu officiel en échange de l'acquit de l'impôt. A cet effet, tout individu passible de l'impôt serait tenu de déclarer, au commencement de chaque année, le montant total actuellement perçu par lui pendant l'année précédente en échange de toute chose donnée, accordée ou allouée en retour, durant quelque année que ce soit, et de payer l'impôt dû sur ledit montant. Cet impôt ne serait dû qu'à l'expiration de l'année pour laquelle il est établi, et serait payable à n'importe quelle époque convenable au contribuable, dans un terme raisonnable prescrit, par exemple, dans les trois premiers mois de l'année qui suit immédiatement celle à laquelle la contribution se rattache. Si, après le terme alloué, il n'est rendu aucun compte, ou si le montant déclaré n'est point considéré fidèle, le percepteur du quartier, étant en possession des noms, adresses et détails concernant tout contribuable placé sous sa juridiction, dresserait une demande au contribuable en défaut, fondée sur sa connaissance et son jugement du cas en question. L'individu qui, ainsi taxé, objecterait à la demande du percepteur, aurait l'option de produire le compte rendu, comme cela se pratique dans les cas de faillite.

Ces points constituent toute la procédure requise.

Ayant maintenant exposé ce que je crois être la seule vraie théorie de l'impôt, et expliqué la manière de son application, je vais passer en revue les points les plus saillants de son fonctionnement, et toucher rapidement la question : si un projet d'une si grande simplicité et d'une si haute importance au public soit sujet à aucune difficulté dans son exécution.

Je me propose de toucher les divers points dans l'ordre suivant :

1° Fonctionnement du principe des échanges comme base de l'impôt;

2° Fonctionnement du même principe comme moyen d'évaluation toute faite;

3° Fonctionnement d'un enregistrement général annuel d'Adresses comme outil d'impôt;

4° S'il est probable que le plan en question rencontre aucune difficulté dans l'exécution.

FONCTIONNEMENT DU PRINCIPE DES ÉCHANGES COMME SOURCE D'IMPOT.

La maxime que la propriété, de quelque espèce que ce soit, n'est d'aucune valeur, à moins qu'elle serve à quelque chose, si évidente qu'elle semble, a jusqu'ici échappé à l'attention. Cet oubli a contribué à retarder l'établissement d'un système politique social bien conçu. C'est surtout dans les différents projets qu'on a, de temps en temps, proposés pour prélever l'impôt, que cette maxime a été entièrement méconnue.

Toute la différence consiste à ne pas porter l'impôt sur

les choses, mais sur leur usage, différence qui établit un criterium infaillible.

Ce n'est que lorsque l'on considère le parti qu'on tire des choses sous l'aspect d'échange de valeurs, qu'il acquiert de l'importance dans la science de l'Économie politique.

Six éléments concourent dans tout échange de valeurs : deux parties traitant; deux valeurs changeant de possesseur, lieu et date. Une valeur étant la mesure de l'autre, toute modification dans un quelconque des six éléments concourants produit un changement dans la mesure. Éliminez un des éléments et vous éliminez la valeur. Placez de l'or dans une position où il cesse d'échanger ou d'être échangeable, et il n'est d'aucune valeur. A quoi sert l'or que l'avare a enseveli sous terre, ou un portefeuille plein de billets de banque en plein océan, ou dans les déserts de l'Afrique, ou au sommet du Chimborazo? Si une chose, — soit-elle terre, capital, marchandise, habileté, connaissance, etc., — possède le moindre degré possible d'être échangée, ou employée en échange, elle est jusqu'à ce point une propriété de valeur. Cela s'applique absolument à toute chose, n'importe sa nature, matérielle ou immatérielle, animée ou inanimée. Toute chose pour laquelle on peut obtenir quelque chose en échange est, d'autant, une propriété de valeur. Si un domestique, en donnant ses services, un professeur en donnant ses leçons, un médecin, un avocat, un ingénieur, un employé, en donnant leur œuvre ou leur temps, gagnent leur vie et font des épargnes; ce service, cet enseignement, cette œuvre et ce temps, sont autant de propriétés de valeur que les terres, les capitaux, les marchandises, etc. Pour la facilité dont ils jouissent de pouvoir s'entr'échanger et exploiter leurs ressources sous l'égide de la sécurité pourvue à cet effet par l'État, ils sont justement tenus à contribuer leur proportion pour défrayer les dépenses de cette sécurité.

Il est évident que la richesse d'un pays ne dépend pas seulement de la quantité de territoire, de population et de capitaux. Tous ces éléments sont sans doute nécessaires, mais ne suffisent pas. Un autre facteur d'importance majeure doit aussi concourir : c'est la parfaite liberté des échanges. Loin que le terme richesse soit borné aux choses matérielles, le plus grand nombre de biens tire son origine d'une source purement immatérielle, et existe sous des formes qu'on ne saurait manier, mais parfaitement capables d'être échangées contre des valeurs. Nous sommes entourés de tous côtés par des valeurs invisibles et impalpables, mais échangeables; tout comme nous sommes environnés par une infinie variété de forces insaisissables, mais mesurables, différant dans leur nature et dans leurs effets, soit mécaniques, soit intellectuels, soit moraux. Et qui pourrait d'avance évaluer toute la richesse provenant des produits de toutes ces forces dans un pays libre, où elles pourraient poursuivre sans gêne le développement interminable de toutes leurs capacités?

La facilité des échanges facilite l'agriculture, les industries et le commerce, multiplie les capitaux et les revenus, multiplie le nombre des personnes et choses contribuant au revenu public, multipliant ainsi à son retour les ressources de la nation, et la mettant à même d'accomplir de grandes destinées et de prendre une position digne d'elle parmi les autres nations.

D'après le principe des échanges on comprend clairement comment il se fait qu'en Turquie, en Afrique et ailleurs, de vastes territoires et de nombreuses populations sont de peu d'utilité au point de vue de l'économie politique, attendu l'absence entière ou partielle du grand élément de liberté. D'un autre côté, nous nous expliquons pourquoi l'Angleterre est un pays riche, et pourquoi le peuple américain qui, hier pour ainsi dire, n'était qu'une poignée de fugitifs du despotisme et de l'oppression de l'Europe, s'est élevé en nation puissante, avançant à pas de géant dans la carrière de l'opulence et du pouvoir.

Malheureusement la liberté des échanges est encore bien entravée par le système d'impôts actuel. Ce qui est curieux, c'est que l'impôt non seulement doit viser, mais en pratique vise d'une manière plus ou moins inconsciente non la propriété, mais son emploi. Il n'en saurait être autrement. La contribution directe, telle qu'elle existe de nos jours, prétend imposer la propriété et le revenu; mais en point de fait, l'impôt tombe sur la valeur annuelle qui est l'utilisation de la propriété. Les contributions indirectes professent de lever des droits sur les articles de consommation, mais la consommation n'est qu'un parmi les emplois nombreux de tout article destiné à l'échange. Comme on ne prend pas note de ce fait, il s'ensuit que parmi la multiplicité des échanges auxquels un article donne lieu, on ne s'attache qu'à un seul dans la personne du producteur ou dans celle de l'importeur de l'article. On dit qu'un impôt établi sur les objets de consommation est une taxe payée par les consommateurs, mais ce n'est pas là une preuve que cette taxe soit fondée sur un principe juste, ni qu'on atteigne toujours le but qu'on se propose. Prenons, par exemple, les articles les plus périssables tels que fruits, viandes, poissons, etc. Ils ont pu coûter cher à produire et à faire venir de localités éloignées. Cependant, après avoir donné lieu à une succession d'échanges en passant par divers marchands, agents, rouliers, porteurs et autres commerçants et en leur donnant occasion de gagner leur vie et d'accumuler de l'argent, ils finissent souvent par se trouver exposés en vente sur le marché à un prix considérablement au-dessous de ce qu'ils ont coûté à quelques malheureuses victimes des entraves que le système de contribution a placées à travers leur prompte livraison et leur libre circulation. Une balle de coton peut rester dans le magasin de l'importeur une année entière, sans être échangée, ce qui veut dire inutile; ou elle peut, même sans changer de place, changer cent fois de possesseur pendant le même espace de temps, faisant fonction chaque fois de valeur reçue en échange d'une somme en comptant ou en mandat, ou en billets variant chaque fois plus ou moins en chiffre. Sans être déballée, la marchandise peut être expédiée dans un autre pays en pareille mission, ou elle est peut-être consignée chez un fabricant, d'où, après avoir reçu de nouvelles formes, elle va recommencer une nouvelle carrière de démarches à travers d'innombrables échanges, tant que dure son échangeabilité; chaque passage laissant après soi tous renseignements notés, jusqu'au dernier détail, comme les détails des passages des étoiles sont marqués par les astronomes. C'est vrai, qu'un droit prélevé sur l'un des échanges infinis auxquels un article puisse être sujet (parce que peut-être il est le plus commode pour l'application d'un système imparfait) est mieux que rien. Mais c'est là une partialité fort nuisible et on ne peut plus impolitique, que l'on peut et doit éviter.

La doctrine des échanges est d'une haute importance dans le sujet de l'impôt, parce qu'elle signale l'existence de masses énormes de valeurs qui ne contribuent en rien aux besoins de l'État, non parce qu'il y ait des difficultés qui s'y opposent, mais parce qu'on ne s'en enquiert pas.

Comme preuve corroborative de ce qui ressort de ces considérations je citerai les faits suivants. En Angleterre, d'après les comptes rendus officiels qu'on trouve dans le journal anglais *Économist*, pendant l'année qui a expiré le 30 avril 1878, des paiements se montant à 5,066,533,600 livres sterling, ou plus de 126 milliards de francs, ont passé par les banques de Londres seules. Ils représentent, comme de raison, toutes sortes de transactions : paiements pour marchandises achetées ou vendues, pour intérêts, dividendes, loyers, honoraires, salaires, en un mot toute espèce de comptes. Un droit de 1 1/2 pour cent sur cette valeur suffirait à lui seul aux besoins évalués par le chancelier de l'Échiquier dans son dernier budget.

Le même journal nous informe que des paiements, se montant environ à deux millions de livres sterling, passent chaque semaine par les banques de la ville de Manchester, représentant par an plus de deux milliards et demi de francs. On n'a point de donnée sur laquelle nous appuyer, pour former une idée de tous les échanges et paiements qui ont lieu, pendant le même espace de temps, en dedans et dehors des banques dans tout le royaume. Il semble raisonnable de supposer qu'ils puissent se monter à, au moins, quinze ou vingt fois le montant qui passe par les banques de la ville de Londres. S'il en est ainsi, quelque étonnant que cela puisse paraître, nous en devons conclure qu'un droit de un pour mille serait plus que suffisant pour pourvoir non-seulement aux frais de l'État, mais aussi aux frais des provinces et des municipalités, avec en sus de quoi réduire la dette nationale, ou de quoi augmenter la marine royale, ou acquérir au nom de l'État les chemins de fer, ou enfin de quoi réaliser d'autres projets publics, et pousser en avant le progrès de la nation.

En France, on a évalué l'ensemble d'affaires agricoles, industrielles et de commerce au chiffre annuel de plus de 200 milliards. Il faut bien faire attention que dans les éléments de ces calculs on n'a pas tenu compte du petit commerce et de la petite industrie dont la production est si considérable. Au taux de 1. p. 100, ces échanges de valeurs donneraient aussitôt un chiffre supérieur aux ressources demandées par le budget national et par les budgets départementaux et communaux à la fois, entraînant la possibilité d'abolir les douanes aux frontières et de renverser tout octroi qui se trouve à la porte de chaque ville et de chaque bourgade, et ouvrant à l'industrie agricole et commerciale tous les débouchés possibles.

D'après le principe des échanges, celui qui emprunte une somme d'argent est dans la même position que celui qui loue une maison ou un terrain. Chacun a l'usage de la chose pendant le temps convenu, et il donne en retour quelque chose qu'on appelle intérêts, loyer, etc. C'est ceci qui représente l'usage de la propriété ou chose, et qui va, en conséquence, contribuer à l'impôt dans la personne du receveur.

Un des traits heureux de ce système d'impôt, c'est qu'il s'adresse, non à ce qu'on donne ou qu'on dépense, mais à ce qu'on reçoit, n'ajoutant ainsi pas de surcroît d'injure ou de malheur au manque de récoltes, aux naufrages, aux mauvaises dettes, aux incendies ou autres pertes.

Dans ce système, tout crédit ne serait responsable qu'au temps, et jusqu'à l'étendue de son retour actuel. Un autre point à remarquer dans le fonctionnement du principe des échanges comme base de contribution, c'est la distinction entre recevoir quelque chose en retour de quelque chose donné, et recevoir quelque chose qui n'est pas un échange. D'après ce principe, l'impôt n'affecterait ni dons, ni œuvres de charité, ni legs, ni héritage. Ce dernier point peut, à première vue, frapper de surprise comme douteux ; mais un moment de réflexion suffira pour convaincre tout esprit, qui n'est pas prévenu, que le droit de succession, comme les droits de douane et les droits réunis, sont injustes dans leur opération et contraires aux principes d'une saine économie politique. Il suffit de remarquer que toute propriété héritée, était employée et imposée dans la personne de son propriétaire antérieur, et qu'elle continue, comme auparavant, à être utilisée et imposée dans la personne de son nouveau possesseur; un changement de possession, considéré isolément, n'offre pas plus de raison de saisir une portion de la propriété, qu'un changement de possesseur provenant de l'acte de transférer un billet de banque de la poche de son possesseur dans un tronc pour les pauvres, ou d'en faire usage pour souscrire à une institution de bienfaisance. C'est assez que ce billet de banque va être employé en échange de quelque service, et par cet emploi va contribuer pour sa part, comme toutes les autres valeurs échangeantes, aux ressources de l'État. En ce qui touche les héritages, il se peut qu'une terre ne subisse point de changement de propriétaire, et par conséquent n'ait point de droit de succession à payer pendant une longue génération, tandis qu'une autre, dans le cours du même nombre d'années soit sujette à de fréquents changements, et en conséquence à de fréquentes abstractions à cause du droit de succession. Les corporations civiles et les corps ecclésiastiques, qui sont considérés comme des êtres perpétuels, ne sont point sujets à décès, et par conséquent n'ont ni droits légatoires ni droits de succession à payer.

Tout impôt qui n'est pas perçu sur le retour actuellement réalisé en échange contre quelque chose donnée, est, à proprement parler, une spoliation qui ne se peut nullement justifier, excepté comme souscription volontaire, ou en cas de guerre inévitable, où le gouvernement pourrait avec raison appeler les citoyens à faire quelque sacrifice pour la défense du pays.

FONCTIONNEMENT DU PRINCIPE DES ÉCHANGES, COMME MOYEN D'ÉVALUATION TOUTE FAITE.

Les difficultés qu'on a éprouvées jusqu'ici, en fait d'évaluation, proviennent de la même fausse idée fondamentale de l'impôt. Le principe qu'une chose ou propriété quelconque vaut tout autant qu'elle réalisera, est une autre version du principe des échanges. En général, le prélèvement de l'impôt est censé être basé sur le principe que tout contribuable doit être imposé selon la valeur de son avoir. Ce principe, vrai en théorie, n'est pas mis en pratique, vu que nulle loi ne saurait fixer d'avance quelle sera ou quelle doit être la valeur des choses. La loi ne peut qu'aviser à des moyens de constater ce que la valeur a été. Dans la liberté des échanges, le concours d'un nombre infini de causes augmentera ou abaissera la valeur des choses. Il se peut que ce qui valait cent francs acquière une valeur de mille francs, et *vice versâ*.

Le premier moyen, nous pouvons dire le seul moyen nécessaire que la loi puisse mettre en jeu pour s'assurer de la valeur des choses, c'est la monnaie. Parmi les innombrables industries et manufactures qui peuvent s'exploiter dans un pays libre, il en est une dont l'État se réserve et doit, de nécessité absolue et dans l'intérêt de tous, se réserver le monopole, c'est de frapper monnaie. Tout individu est libre de négocier en or et argent et d'en fabriquer toutes sortes d'articles, excepté les pièces qui représentent de la monnaie.

L'institution de la monnaie a créé tout à la fois un étalon commun de la valeur des choses, au moyen duquel tout le monde est à même de faire ses affaires sous une forme bien plus simple que le système primitif du troc. De cette manière, il n'est pas absolument indispensable de se servir d'or et d'argent dans chaque transaction, puisqu'on peut les représenter sous une masse de formes qui leur sont substituables, telles que billets de banque, traites, effets à payer, mandats, certificats d'actions, etc. Il suffit que ce qui est représenté puisse se produire en espèces monnayées toutes les fois qu'on l'exige. Cela nous explique pourquoi une quantité comparativement limitée d'or et d'argent monnayé peut faire marcher le mécanisme d'un nombre infini d'opérations, et combien il serait trompeur de juger de la richesse d'un pays par le montant de ses espèces courantes. Si la monnaie est fabriquée d'argent et d'or, on ne doit pas pour cela perdre de vue la distinction qui passe entre l'idée de valeur et l'idée de mesure. Le prix de l'argent et de l'or, comme marchandise, est sujet à des fluctuations qui sont communes à tout article de commerce; mais ces fluctuations n'affectent pas la monnaie comme étalon de mesure. Par exemple, une paire de bottes, qu'auparavant on pouvait acheter pour une pièce de vingt francs, peut maintenant coûter une pièce et demie ou deux pièces. Il peut y avoir quelqu'un qui pense que ce fait indique une dépréciation dans l'or, tandis que d'autres penseront que c'est le prix du cuivre et de la main-d'œuvre qui a monté. Tous deux ont raison, chacun à son point de vue. Les uns mesurent les pièces de monnaie par pièces de bottes; les autres, *vice versâ,* mesurent les bottes par pièces de monnaie. En point de fait, toute chose est mesure de la valeur de toute autre chose contre laquelle on l'échange. C'est là l'état primitif des échanges en troc. Le grand avantage de l'institution publique de la monnaie consiste en ce que tout le monde convient de se rapporter à une chose unique comme étalon-mesure de la valeur de toutes choses. Par ce moyen, on a des fluctuations dans la valeur des choses, mais pas de fluctuation dans la mesure de la valeur. La monnaie, comme étalon de cette mesure, n'est point affectée par aucune altération dans les prix des choses, sans excepter la chose même dont la monnaie est fabriquée.

D'après le principe des échanges, l'avoir et les ressources de tout individu se rapportent au même étalon. Un droit sur ce qui est actuellement reçu, mesuré en monnaie, en échange de quelque chose donné, deviendrait à l'instant dû par le fait de sa réalisation, et serait dès lors et resterait une dette privilégiée due à l'État par la partie qui en est responsable, ses ayants droit, ses exécuteurs, ses administrateurs ou représentants, de quelque description que ce soit, recouvrable, si elle n'était pas acquittée dans le terme alloué, comme une propriété appartenant à l'État.

FONCTIONNEMENT D'UN ENREGISTREMENT ANNUEL D'ADRESSES, COMME INSTRUMENT D'IMPÔT.

Un registre annuel d'adresses est un lien qui manque dans le système de l'impôt. Le vieux système de l'impôt de capitation, ou cote personnelle, se rapproche de l'objet pour lequel il est requis, savoir, non comme base de contribution, mais comme moyen nécessaire d'équité dans l'impôt. Dans l'ancienne Rome on enrôlait les noms, comme préliminaire indispensable à l'évaluation, et les détails fournis par ce registre formaient le noyau des lois fondamentales publiques. Dans le recensement dont parle saint Luc l'Évangéliste, tout habitant devait donner son nom en entier. Après son enregistrement, il devait se faire inscrire pour ses biens, sous certaines peines. En Chine, tout chef de famille est tenu de se faire inscrire, lui, sa famille et sa propriété. Ces précédents historiques démontrent l'idée instinctive, quoique imparfaite, d'un principe vrai. Nous n'avons qu'à abattre le mur d'une conception bornée qui nous sépare d'un champ de vue plus vaste, d'où on réalise d'un coup d'œil l'utilité d'un registre annuel d'adresses comme mécanisme d'impôt parfaitement équitable et facile.

Je me permettrai d'indiquer qu'il y a d'autres raisons pour lesquelles il serait fort désirable d'établir un registre public, outre celle de son importance comme machine financière.

En premier lieu, comme je l'ai observé préalablement, ce serait le complément et la suite nécessaire de l'enregistrement des naissances, mariages et décès.

En second lieu, les efforts qui se font continuellement, dans toutes les grandes villes, de recueillir sous la forme d'Annuaires imprimés les noms et les adresses des habitants, sont une preuve de l'existence d'un grand besoin public que la loi seule peut satisfaire en son entier, au profit de tout le monde.

En troisième lieu, un enregistrement annuel serait un recensement universel en permanence, qui remplacerait complètement le système actuel de recensements décennaux, avec d'autant plus d'avantage qu'il serait beaucoup plus utile, parce qu'il serait plus complet, plus fondé, moins coûteux et moins difficile à se procurer.

Un autre avantage, pas le moins important, qu'on en obtiendrait, serait l'influence morale qu'il exercerait en dressant des obstacles dans les sentiers du vice et du crime, en éclairant d'un flambeau les pas de la charité et de la bienfaisance, et en conduisant à des résultats heureux sur l'ordre social et sur la conduite individuelle. Nulle personne, que les gueux, éprouverait de la répugnance à inscrire son nom, son domicile actuel ou élu et à fournir d'autres détails sur son compte au moyen desquels il puisse être connu.

S'IL SE PEUT QUE LE PLAN PROJETÉ RENCONTRE DES DIFFICULTÉS DANS L'EXÉCUTION.

Il m'incombe maintenant de toucher à la question des difficultés dans l'exécution. Elle peut se diviser en deux parties : primo en ce qui regarde les contribuables, ensuite en ce qui concerne le gouvernement. De la part de ceux-là, tout contribuable sachant le taux que son pays exige de lui, saura tout d'un coup avec une précision mathématique ce qu'il aura à payer. D'après les lois de la prudence humaine ordinaire, il est du devoir de tout individu, quelles que soient ses circonstances, d'adopter la pratique salutaire de tenir un compte régulier de sa monnaie. Il n'y a pas d'excuse admissible pour se soustraire à cette obligation imposée par la nature à tout individu dans son propre intérêt.

Un système d'impôt qui réduit les charges individuelles à des proportions infinitésimales de la plus stricte impartialité en recueillant dans le cercle des contribuables absolument toutes personnes et toutes choses sur le pied de l'égalité la plus absolue n'offre pas assez de tentation pour qu'on prenne la peine et qu'on s'expose au risque d'y contrevenir. Dans les cas même où il pourrait valoir la peine d'en faire l'essai, le sentiment du devoir s'opposerait à la volonté. Mais s'il en était autrement, ce système d'impôt porte avec soi le moyen de contredire le proverbe qui dit : *Vouloir c'est pouvoir;* car il met entre les mains du gouvernement d'amples moyens de couper la retraite à tout individu qui essaierait d'échapper aux justes conséquences d'une infraction volontaire du devoir.

L'enregistrement annuel fournit le premier moyen. Je ne m'arrêterai sur ce point que pour indiquer qu'il s'applique non seulement aux individus, mais aussi à toute dette commerciale, à toutes les compagnies, institutions et sociétés au nom desquelles toute valeur est reçue en échange d'une valeur donnée.

Le second moyen nous est fourni par le fait, qu'en général les échanges de valeur laissent après elles la preuve de leur événement. Vous ne donnez pas d'acquit afin que le gouvernement y attache son timbre, mais le gouvernement est en état de timbrer votre quittance, parce qu'il faut que vous en donniez une. Si vaste que puisse paraître l'ensemble des valeurs qui s'échangent contre de l'argent comptant, ce n'est qu'une fraction insignifiante de la richesse du pays, lorsqu'on la compare aux valeurs qui ne peuvent s'échanger en présence l'une de l'autre, mais qui ont à le faire par remplacement sous forme d'un morceau de parchemin ou de papier. Aucun bien-fonds ne saurait être présent à son changement de propriétaire par la raison toute simple que c'est immobile. On en peut dire autant de tous les capitaux placés. Les marchandises elles-mêmes donnent lieu à des échanges, quoiqu'on ne les puisse manier sur place et soient le plus souvent loin de la place à l'intérieur ou à l'étranger. En outre, il y a une grande variété de valeurs sans nombre que l'on ne saurait produire parce que, comme les fantômes, elles sont incorporelles. Toutes ces propriétés ne peuvent s'évaluer et s'échanger contre d'autres valeurs que par écrit. Dans un état de civilisation les affaires ne se peuvent conduire que par le moyen de titres, quels que soient leur forme et leur nom, comme représentatifs de valeurs. Si tous les actes notariés de transmission et louage de propriété étaient juxtaposés ensemble dans l'ordre exact qu'une pièce de terre est contiguë à une autre, ils exhiberaient une carte et une description de tout le territoire du pays et de ses possesseurs telle qu'aucun cadastre ni aucun arpentage n'égalerait.

Telle étant la forme sous laquelle la masse de la propriété et des valeurs change de possesseur, le système-timbre pour la perception de l'impôt semble aisé à appliquer; et ce système est susceptible d'être facilité davantage de la manière suivante : Le gouvernement émettrait des timbres de différentes valeurs. Les timbres devraient être dessinés de manière à indiquer leur valeur en doubles, comme un billet de banque que l'on peut couper en deux moitiés corrélatives, pour en faire usage séparément. Une moitié servirait pour timbrer, jusqu'à la valeur qui y est représentée, tout acte ou document qui doit l'être, l'autre tiendrait lieu de cours légal au percepteur des contributions en décharge, jusqu'à concurrence du même montant. Le même but peut s'atteindre au moyen de timbres en duplicata émis en feuilles séparées à cet effet particulier.

La perception des impôts au moyen de timbres est également applicable au petit commerce et à toutes les affaires qui se passent argent comptant. Ici, si la partie qui reçoit la valeur en comptant n'écrit ni ne délivre un reçu, c'est toujours en son pouvoir, si elle le veut, d'inscrire ou faire inscrire chaque prise dans son livre. A la fin de chaque année chacun peut, d'après ses livres, s'assurer avec certitude de son obligation totale aux contributions de l'année. Ce serait le devoir de chacun de clore son compte annuel en y apposant un timbre ou des timbres jusqu'à concurrence du montant exigible, et de délivrer aux mains du percepteur les demi-timbres ou duplicata-timbres relatifs, en décharge de sa dette envers l'État. Ainsi timbré, son arrêté de comptes annuels, outre qu'il serait toujours là pour témoigner de l'accomplissement fidèle des devoirs de l'individu envers son pays, remplirait bien des buts qui lui seront en tout temps très utiles. Cela fait, il n'aurait à craindre aucune démarche ultérieure de la part de l'autorité fiscale. Il peut être sûr que, tant qu'un tel témoin est là pour s'y rapporter au besoin, il n'est pas probable que ce besoin arrive jamais. De cette façon tout comptoir, toute maison, toute boutique, tout atelier, toute étude de notaire, d'avocat, d'avoué, tout ménage, deviennent autant de bureaux de perception des contributions. Les individus deviennent autant de percepteurs volontaires tous retenus au service du département des finances de leur pays.

Il nous reste à considérer un dernier point. La transition d'un système à un autre devrait pouvoir s'opérer avec facilité et sans produire de perturbation dans le cours régulier du revenu public. Or, on peut mettre en œuvre un enregistrement de noms et d'adresses sans point toucher aux contributions actuelles. Cette mesure préliminaire fournirait aussitôt un dénombrement exact et complet de la population, en ce qu'il identifierait, avec chaque individu des deux sexes, toutes les maisons de commerce, tous les établissements, toutes les sociétés, compagnies, institutions, quelle que puisse être leur nature, dont l'existence à part les met sous l'obligation de prendre deux permis annuels voulus par les lois du pays, le permis *ad possidendum* et le permis *ad utendum*. Quoique cet enregistrement annuel n'ait point pour but de fournir du revenu, cependant, puisqu'une charge minimum à titre de frais est indispensable, ce minimum — au taux uniforme de 50 centimes ou 100 centimes chaque adresse d'individu ou de famille d'individus — représenterait autant de ces pièces d'argent qu'est le nombre des individus de la population du royaume, plus le nombre d'entités commerciales, sociales, religieuses et autres faisant acte d'existence sous quelque dénomination que ce soit. Probablement l'ensemble produirait en France près de 60 millions, en Italie peut-être près de 40 millions. Après avoir défrayé tous les frais de fonctionnement relatif, il se pourrait faire qu'il y eût un reliquat, autant d'actif disponible pour la remise, à un montant correspondant, d'une portion, des impôts existants.

Du moment que l'enregistrement public sera en pleine activité, le ministre des finances sera en possession de l'instrument nécessaire au changement graduel et imperceptible de système, semblable au changement de spectacle des vues dissolvantes, où les spectateurs, sans s'apercevoir du passage, se trouvent agréablement surpris à la beauté supérieure du nouveau panorama qui est déployé devant eux par l'acteur placé derrière la scène.

Supposons que, pour commencer, le ministre des finances demande à titre de droit de permis *ad utendum* un taux de 1 pour 100, — Ballon d'essai pour se fixer sur ses capacités productives, — laissant néanmoins intacts les impôts existants. Pour ce qui regarde les contribuables, ceux qui n'ont jamais rien contribué auparavant de l'utilisation de leurs ressources, seront les derniers à avoir raison de se plaindre de la petitesse de la demande. Ceux qui ont été et sont encore appelés à contribuer des vingt et une taxes exorbitantes, accepteront avec joie cette menuité ajoutée à leurs charges, la considérant comme l'avant-coureur de leur délivrance de la pression majeure qui pèse sur eux.

De son côté, le ministre des finances, à la fin de l'année, se trouvera placé dans l'heureux embarras d'avoir un surplus. Pour ce qu'il en pouvait concevoir à l'avance, il se peut faire que le centime du nouveau système produise autant, peut-être plus, que tout le revenu ensemble du système en vigueur. S'il en était ainsi, son prochain budget le mettra en état de déblayer tous les impôts du vieux système, et de s'en tenir au centime du nouveau plan comme bien plus positif provenant d'une source qui ne peut se tarir. Il pourra alors congédier tous les employés des contributions directes et indirectes dont il n'aura plus besoin, leur allouant leur paye entière, jusqu'à la fin de leur vie.

Avons-nous besoin de signaler les bienfaits d'une pareille transformation? L'agriculture, désormais affranchie, le commerce et les industries délivrés de toutes entraves, l'impôt parfaitement équitable, la liberté individuelle du citoyen dégagée complètement; spectacle heureux d'une nation dont la prospérité fondée sur des bases solides répand le bien-être, l'aisance et le contentement sur tous ses membres.

A. Quantin imprimeur
r. S. Benoit, 7, à Paris

A. Quantin imprimeur
r. S. Benoit 7 à Paris

www.ingramcontent.com/pod-product-compliance
Ingram Content Group UK Ltd.
Pitfield, Milton Keynes, MK11 3LW, UK
UKHW021117290826
14628UKWH00014B/2647

9 782013 450096